Himmlische Torten

VON DEN UPLENGENER LANDFRAUEN

Himmlische Torten

VON DEN UPLENGENER LANDFRAUEN

Erprobte Rezepte für garantiertes Gelingen

LV.Buch
Die Begeisterungswerkstatt

Vorwort

Wir haben es wieder getan!

Nach „Leckere Torten-Träume 1 und 2" haben die Uplengener Landfrauen wieder eine Auswahl köstlicher Torten- und Kuchenrezepte für Sie zusammengestellt.

Traditionelles wie die Ostfriesentorte oder der Frankfurter Kranz darf da natürlich nicht fehlen, aber auch für Liebhaber fruchtiger, frischer Torten ist etwas dabei.
Was gibt es Schöneres, als mit der Familie oder Freunden zusammenzusitzen und leckere Torten bei Kaffee oder Tee zu genießen.

Damit das Backen der Tortenböden gelingt, finden Sie im Backbuch Anleitungen für den jeweiligen Grundteig sowie Tipps für die Zubereitung.

Wir wünschen Ihnen viel Spaß beim Backen und Momente voller Genuss.

Ihre Uplengener Landfrauen

Der Vorstand
Christa Grüßing, Marianne Saathoff, Frieda Fecht,
Marianne Frieling, Edith Hanken, Hanna Korth, Gisela de Buhr

So gelingt es ...

Die in diesem Buch gesammelten vielfältigen Tortenrezepte greifen wiederkehrend auf bestimmte Arbeitsschritte und Vorgehensweisen, Teigarten und Zutaten zurück. Falls nicht anders angegeben, wird in diesem Buch eine 28-cm-Springform verwendet. Die Temperaturangaben beziehen sich auf Ober-/Unterhitze. Hier werden zu den Rezepten einige Tipps und Tricks vorgestellt:

Rührteig

Weiches Fett mit Zucker, Eiern und Gewürzen in einer Rührschüssel 1 Minute verrühren, dann das evtl. mit Backpulver vermischte Mehl sieben und abwechselnd mit der Flüssigkeit bei niedriger Schaltstufe unterrühren. Zuletzt die geschmackgebenden Zutaten wie z. B. bemehlte Sultaninen, Schokoladenstückchen etc. unterheben. Den Teig in eine sorgfältig gefettete und mit Paniermehl ausgestreute Backform geben und im vorgeheizten Backofen backen. Hohe Kuchen wie z. B. Gugelhupf auf der untersten Schiene, flache Kuchen in der Mitte backen. In den ersten 15 – 20 Minuten den Backofen nicht öffnen.

Knetteig oder Mürbeteig

Zunächst das Mehl mit Salz und Gewürzen in eine Rührschüssel geben. Dann Zucker, Ei und weiches Fett hinzufügen. Auf niedrigster Schaltstufe mit den Knethaken kurz vermischen, bis ein glatter Teigkloß entsteht. Bis zur weiteren Verarbeitung kalt stellen. Der Teig wird auf der mittleren Schiene im vorgeheizten Backofen gebacken.

Biskuitteig

Das Wichtigste vorab: Biskuitteige brauchen Luft. Sie sollten daher besser nicht lange stehen gelassen, sondern sofort im vorgeheizten Backofen gebacken werden. Die Backform nur unten fetten oder mit Backpapier auslegen. Den Rand nicht einfetten, da der Kuchen sonst zusammenschnurrt.
Es gibt zwei Möglichkeiten, einen Biskuitteig zuzubereiten:

Variante I:
Eier, lauwarmes Wasser und Zucker in einer Rührschüssel auf höchster Stufe 7 Minuten zu einer schaumigen Masse schlagen. Dann das evtl. mit Stärke gemischte Mehl auf die Schaummasse sieben und vorsichtig untermischen (dabei den Schaum nicht zusammenrühren!).

Variante II:
Eier trennen. Eigelb mit Zucker schaumig schlagen. In einer zweiten Schüssel das Eiweiß mit Wasser und Salz steif schlagen. Dann den Eischnee auf den Eierschaum geben, Mehl darübersieben und erst dann alles vorsichtig verrühren.
Hohe Biskuitteige, z. B. für Torten, werden auf der unteren Schiene gebacken. Flache Teige, d. h. auf dem Blech gebackene Teige für Rollen, kommen auf die obere Schiene im vorgeheizten Backofen.

Baiser

Für die Herstellung von Baiser Eiweiß steif schlagen. Zum Ende hin langsam den Zucker einrieseln lassen.

Gelatine

Blattgelatine für 5 Minuten im kalten Wasser quellen lassen. Anschließend gut ausdrücken und entweder in heißem Obstsaft auflösen oder vorsichtig im Topf erwärmen. Man kann die Gelatine auch sehr gut in der Mikrowelle bei kleiner Wattzahl auflösen; aber Vorsicht: Dies dauert nur einige Sekunden! Soll die Gelatine unter eine Creme gerührt werden, gibt es keine Klümpchen, wenn man zunächst esslöffelweise die kalte Creme in die Gelatine rührt, um diese abzukühlen. Anschließend gibt man dann die Gelatine in die restliche Creme-Masse.

Buttercreme

Bei der Herstellung von Buttercreme ist zu beachten, dass die Butter und die Puddingmasse beim Verrühren die gleiche Temperatur und Beschaffenheit haben. So wird ein Gerinnen der Masse verhindert.

Kuchenguss

Beim Kuchenguss gilt: heißer Guss auf kalten Kuchen, kalter Guss auf heißen Kuchen. Bei der Mengenangabe heißt 1 TL = 1 Teelöffel – wobei hier der Kaffeelöffel gemeint ist und nicht der ostfriesische Teelöffel.

Tortenbäckerei

Ist der Boden nach dem Backen abgekühlt, wird dieser erneut mit einem Springformring oder einem Tortenring umlegt. Dann werden die Creme und weitere Böden aufgeschichtet. Nach der Kühlung fährt man vorsichtig mit einem Messer um die Torte herum, um diese vom Springformrand zu lösen. Bitte beachten Sie, dass vor dem Schichten der Torte evtl. geschlagene Sahne, Cremes und/oder Früchte für die Dekoration beiseitegestellt werden müssen. Daher die Rezepte vor der Zubereitung bitte unbedingt vollständig durchlesen!

Quark-Rhabarber-Torte

Zutaten:

Für den Boden:

250 g Mehl
1 Ei
100 g Butter
75 g Zucker
1 Pck. Vanillezucker

Für den Belag:

500 g Rhabarber
100 g Zucker
4 Eigelb
1 Pck. Vanillezucker
2 EL Zitronensaft
500 g Quark
40 g Speisestärke
1 TL Backpulver
2 Eiweiß

Für die Dekoration:

2 Eiweiß
150 g Puderzucker
1 EL Zitronensaft

Backzeit:

50 Minuten bei 150 – 175 °C
Baiser: weitere 10 – 15 Minuten bei 150 °C

Zubereitung:

Boden:
Aus den angegebenen Zutaten einen Mürbeteig herstellen. Den Teig in eine mit Backpapier ausgelegte Springform geben, dabei den Rand hochziehen und die Form kühl stellen.

Belag:
Den Rhabarber waschen und in Würfel schneiden. Das Eigelb und den Zucker schaumig rühren. Zitronensaft, Quark und mit Backpulver vermischte Speisestärke unterrühren. Das Eiweiß steif schlagen und unterheben. Die Masse auf den Mürbeteigboden streichen, den Rhabarber darüber verteilen und backen.

Dekoration:
Für die Baisermasse Eiweiß steif schlagen, dabei den Puderzucker und Zitronensaft unterschlagen. Die Masse auf der vorgebackenen Torte verteilen und diese weitere 10 – 15 Minuten bei 150 °C backen.

Heidelbeer-Dickmilch-Torte

Zutaten:

Für den Boden:

100 g Butter

100 g Zucker

2 Eier

Saft von ½ Zitrone

130 g Mehl

2 TL Backpulver

Für den Belag:

10 Blatt weiße Gelatine

500 g Dickmilch

120 g Zucker

2 Pck. Vanillezucker

400 ml Schlagsahne

400 g Heidelbeeren

Für die Dekoration:

100 ml Schlagsahne

Heidelbeeren nach Belieben

Schokoblättchen nach Belieben

Backzeit:

25 Minuten bei 175 °C

Zubereitung:

Boden:
Aus den angegebenen Zutaten einen Rührteig herstellen, in eine gefettete Springform füllen und backen. Einen Tortenring um den ausgekühlten Boden setzen.

Belag:
Die Dickmilch mit Zucker und Vanillezucker verrühren. Die Gelatine nach Vorschrift einweichen und auflösen. Dann in die Dickmilchmasse einrühren. Wenn die Masse beginnt fest zu werden, die geschlagene Schlagsahne und die Heidelbeeren unterheben. Die Dickmilch-Heidelbeer-Creme auf den Boden streichen und die Torte kalt stellen.

Dekoration:
Die Torte mit geschlagener Schlagsahne garnieren und nach Belieben mit Heidelbeeren und Schokoblättchen verzieren.

Joghurt-Sahne-Torte

ohne Backen

Zutaten:

Für den Boden:

225 g Haferkekse

100 g Butter

Für die Füllung:

500 g Naturjoghurt

250 ml Schlagsahne

75 g Honig

8 Blatt Gelatine

Für die Dekoration:

1 Dose Tortenpfirsiche (geschnitten)

1 Pck. klarer Tortenguss

Zubereitung:

Boden:
Die Haferkekse zerbröseln und mit der geschmolzenen Butter mischen. Eine Springform mit Backpapier auslegen und die Keks-Butter-Mischung darin verteilen. Den Boden auskühlen lassen.

Füllung:
Die Schlagsahne schlagen. Den Joghurt und den Honig mischen. Die Gelatine nach Packungsanleitung zubereiten und unter den Joghurt rühren. Wenn die Masse zu gelieren beginnt, die geschlagene Sahne unterheben. Den Rand der Springform entfernen, den Boden wenden und auf eine Tortenplatte geben. Das Backpapier abziehen und den Springformrand wieder um den Boden legen. Die Joghurtmasse einfüllen.

Dekoration:
Die abgetropften Pfirsichschnitten auf der Joghurtmasse verteilen. Den Tortenguss mit Pfirsichsaft nach Anleitung zubereiten und über die Pfirsiche geben.

Kaffee-Weinbrand-Torte

Zutaten:

Für den Boden:

3 Eier

100 g Zucker

1 Pck. Vanillezucker

125 g Mehl

2 TL Backpulver

½ Kaffeetasse starken, kalten Kaffee

2 EL Schokopulver

Evtl. 2 EL Weinbrand

Für die Füllung:

600 ml Schlagsahne

3 Pck. Vanillezucker

3 Pck. Sahnesteif

2 EL Cappuccinopulver

Für die Dekoration:

200 ml Schlagsahne

1 Pck. Vanillezucker

1 Pck. Sahnesteif

Schokokaffeebohnen

3 EL Schokopulver

Backzeit:

30 Minuten bei 175 °C

Zubereitung:

Boden:
Aus den angegebenen Zutaten einen Biskuitteig herstellen und backen. Den noch warmen Biskuitboden – besonders häufig am Rand – mit einer Gabel einstechen. Einen Tortenring um den Boden legen. Den kalten Kaffee auf den Boden träufeln.

Füllung:
Die Schlagsahne mit Sahnesteif und Vanillezucker steif schlagen. Die Hälfte der Schlagsahne auf den Boden geben. Die zweite Hälfte der Schlagsahne mit Cappuccinopulver verrühren und auf die weiße Schlagsahne streichen.

Dekoration:
Die Schlagsahne mit Vanillezucker und Sahnesteif steif schlagen. Die Torte mit Sahnetuffs, Schokokaffeebohnen und Schokopulver verzieren.

Schmand-Sahne-Torte mit Keksboden

ohne Backen

Zutaten:

Für den Boden:

375 g Kekse

100 g Amarettini

50 g gemahlene Haselnüsse

200 g Butter

Für die Füllung:

6 Blatt Gelatine

300 ml Schlagsahne

2 Pck. Vanillezucker

375 g Crème-fraîche

Für die Dekoration:

ca. 150 g Schwarzkirschkonfitüre

Zubereitung:

Boden:
Die Kekse und die Amarettini zerbröseln, die Haselnüsse dazugeben und mit der erhitzten Butter verrühren. Die Keksmasse in eine mit Backpapier ausgelegte Springform geben, dabei den Rand etwas hochziehen.

Füllung:
Die Gelatine nach Packungsanleitung auflösen. Die Schlagsahne mit Vanillezucker steif schlagen. Zunächst etwas Schlagsahne zur Gelatinemasse geben, dann die Gelatine unter die Schlagsahne geben. Zum Schluss die Crème-fraîche unterheben. Den Keksboden damit bestreichen.

Dekoration:
Die Konfitüre erhitzen, etwas abkühlen lassen, mit einem Löffel auf der Creme verteilen und leichte Kreise ziehen.

Rhabarber-Krümel-Torte

Zutaten:

Für den Boden:

4 Eier
4 EL warmes Wasser
200 g Zucker
1 Pck. Vanillezucker
1 Prise Salz
150 g Mehl
2 TL Backpulver

Für die Füllung:

500 g geputzter Rhabarber
250 ml roter Traubensaft
4 EL Zucker
40 g Speisestärke
500 ml Schlagsahne
1 Pck. Vanillezucker
2 Pck. Sahnesteif

Für die Krümel:

80 g Butter
4 EL Zucker
50 g gehackte Mandeln

Für die Dekoration:

Schlagsahne
Zitronenmelisse

Backzeit:

35 Minuten bei 160 – 175 °C

Zubereitung:

Boden:
Aus den angegebenen Zutaten einen Biskuitteig herstellen.
Den Teig in eine mit Backpapier ausgelegte Springform füllen und backen.

Füllung und Krümel:
Den Rhabarber in kleine Stücke schneiden, mit dem Traubensaft ca. 5 Minuten aufkochen, süßen und mit der Stärke binden. Die Masse abkühlen lassen.
Vom gut abgekühlten Tortenboden einen ca. 1 cm dünnen Deckel abschneiden und zerkrümeln. Um den verbliebenen Tortenboden einen Tortenring legen.
Die Butter schmelzen, mit dem Zucker, den Mandeln und den Krümeln rösten und abkühlen lassen. Den abgekühlten Rhabarber auf dem Boden verteilen. Die geschlagene Sahne darübergeben und auch den Außenrand damit bestreichen. Die gerösteten Krümel auf der Torte verteilen.

Dekoration:
Die Torte nach Belieben mit Schlagsahne und Zitronenmelisse verzieren.

Schaumkusstorte

Zutaten:

Für den Boden:

5 Eier

200 g Zucker

1 Pck. Vanillezucker

100 g Mehl

80 g Stärkepuder

2 TL Backpulver

½ Fl. Zitronenaroma

Für die Füllung:

500 ml Schlagsahne

2 Pck. Sofortgelatine

250 g Quark

8 Schaumküsse

Saft von ½ Zitrone

Backzeit:

30 Minuten bei 180 °C

Zubereitung:

Boden:
Aus den angegebenen Zutaten einen Biskuitteig herstellen und backen. Den Boden auskühlen lassen und einmal quer durchschneiden.

Füllung und Dekoration:
Die Schlagsahne mit Sofortgelatine steif schlagen. Die Schaumküsse von der Waffel lösen, in den Quark rühren und den Zitronensaft hinzufügen. Anschließend die geschlagene Sahne unterheben. Die Böden mit der Creme füllen und mit etwas Creme bestreichen. Die Torte mit den halbierten Schaumkusswaffeln verzieren.

Erdbeer-Mascarpone-Torte

Zutaten:

Für den Boden:
2 Eier
2 EL Wasser
50 g Zucker
100 g Margarine
80 g Mehl
50 g Kakaopulver
1 Pck. Backpulver

Für die Füllung:
1 Becher Schlagsahne
500 g Quark
2 Pck. Vanillezucker
250 g Mascarpone
60 g Zucker

Für die Dekoration:
500 g Erdbeeren
50 g Mandelblättchen

Backzeit:

25 Minuten bei 170 °C

Zubereitung:

Boden:
Eier, Wasser und Zucker schaumig rühren. Margarine, Mehl, Kakaopulver und Backpulver dazugeben, zu einem glatten Teig verrühren und backen.

Füllung:
Die Schlagsahne steif schlagen. Quark, Vanillezucker, Mascarpone und Zucker verrühren und die geschlagene Schlagsahne dazugeben. Die Creme auf den ausgekühlten Tortenboden streichen.

Dekoration:
Die Erdbeeren vierteln und auf der Creme verteilen. Die Mandelblättchen in einer Pfanne rösten, auskühlen lassen und die Torte damit dekorieren.

Eierlikör-Nuss-Torte

Zutaten:

Für den Boden:

80 g Fett

80 g Zucker

1 Pck. Vanillezucker

5 Eigelb

100 g gehackte Haselnüsse

100 g gemahlene Haselnüsse

1 TL Backpulver

100 g Schokostreusel

1 EL Weinbrand

1 EL Rum

5 Eiweiß

Für den Belag und die Dekoration:

400 ml Schlagsahne

1 Pck. Sahnesteif

200 ml Eierlikör

Backzeit:

60 Minuten bei 150 °C

Zubereitung:

Boden:
Aus den angegebenen Zutaten einen Rührteig herstellen (siehe Seite 6). Dabei zuletzt das Eiweiß steif schlagen und unter die Teigmasse heben. Den Rührteig backen.

Belag:
Die Schlagsahne mit Sahnesteif schlagen. Etwas geschlagene Schlagsahne für die Tuffs zurückstellen. Die restliche Schlagsahne auf den ausgekühlten Boden streichen und einen Spiegel mit Eierlikör daraufgießen.

Dekoration:
Die Torte ringsherum mit Sahnetuffs verzieren.

Buchweizentorte

Zutaten:

Für den Boden:

5 Eier

150 g Zucker

1 Pck. Vanillezucker

1 Prise Salz

100 g Weizenmehl

100 g Buchweizenmehl

½ Pck. Backpulver

Für die Füllung:

1 Glas Heidelbeerkonfitüre

750 ml Schlagsahne

3 Pck. Vanillezucker

3 Pck. Sahnesteif

Für die Dekoration:

100 g Haferflocken

50 g Zucker

etwas Butter zum Karamellisieren

250 ml Schlagsahne

Backzeit:

45 Minuten bei 175 °C

Zubereitung:

Am Vortag:
Die karamellisierten Haferflocken für die Dekoration herstellen. Dafür die Butter in einer Pfanne erhitzen. Die Haferflocken und den Zucker dazugeben und so lange unter Rühren karamellisieren, bis die Flocken eine schöne bräunliche Farbe angenommen haben. Die karamellisierten Haferflocken auf einen flachen Teller schütten und unter Rühren erkalten lassen.

Boden:
Aus den angegebenen Zutaten einen Biskuitteig herstellen und backen. Den Boden auskühlen lassen und zweimal quer durchschneiden.

Füllung:
Zuerst den unteren Boden mit Konfitüre bestreichen. Einen Tortenring darumlegen. Die Schlagsahne mit Sahnesteif und Vanillezucker steif schlagen. Die Hälfte der Schlagsahne auf den unteren Boden streichen, den zweiten Boden darauflegen. Auch auf diesen Konfitüre streichen und Schlagsahne geben. Den Deckel auflegen. Den Tortenring entfernen.

Dekoration:
Die Schlagsahne steif schlagen und die Torte damit ringsherum bestreichen. Den Deckel mit den karamellisierten Haferflocken bestreuen und mit Sahnetuffs verzieren.

Frankfurter Kranz

Zutaten:

Für den Boden:

150 g Butter

200 g Zucker

1 Prise Salz

1 Pck. Vanillezucker

abgeriebene Schale von 1 unbehandelten Zitrone

5 Eier

225 g Mehl

75 g Speisestärke

1 Pck. Backpulver

50 ml Milch

Für die Füllung:

300 g Butter

1½ Pck. Puddingpulver Vanille

750 ml Milch

1 Glas Kirschmarmelade

Für die Dekoration:

100 g Mandelblättchen

ca. 20 kandierte Kirschen

Backzeit:

30 – 35 Minuten bei 175 °C

Zubereitung:

Boden:
Butter, Zucker, Salz, Vanillezucker und Zitronenschale cremig rühren. Die Eier einzeln unterrühren. Mehl, Stärke und Backpulver mischen und mit Milch unterrühren. Den Teig in eine gefettete Springform mit Rohrbodeneinsatz streichen und backen.

Füllung und Dekoration:
Für die Buttercreme aus der Milch und dem Puddingpulver (Zucker nach Anleitung) einen Pudding kochen und unter einer Klarsichtfolie erkalten lassen, damit sich keine Haut bildet. Die weiche Butter unter den Pudding rühren. Pudding und Butter sollten Zimmertemperatur haben.
Den ausgekühlten Boden zweimal quer durchschneiden und abwechselnd mit der Buttercreme und der Marmelade füllen. Anschließend den Kranz von außen mit Creme bestreichen. Die Mandeln kurz in einer Pfanne rösten, den Kranz damit bestreuen und mit den kandierten Kirschen verzieren. Den Kranz nach Belieben mit Cremetupfen dekorieren.

Stachelbeertorte

Zutaten:

Für den Boden:

2 Eier

2 EL warmes Wasser

75 g Zucker

1 Pck. Vanillezucker

100 g Mehl

1 TL Backpulver

Für die Füllung:

1 Glas Stachelbeeren

etwas Stärkemehl

500 ml Schlagsahne

2 Pck. Sahnesteif

2 Pck. Vanillezucker

Für die Dekoration:

zurückgestellte Brösel

100 g Butter

100 g Zucker

100 g gehackte Mandeln

Backzeit:

25 – 30 Minuten bei 175 °C

Zubereitung:

Boden:
Aus den angegebenen Zutaten einen Biskuitteig herstellen, in eine Springform füllen und backen. Nach dem Erkalten eine dünne Decke vom Boden abschneiden. Diese zerbröseln und zurückstellen.

Füllung:
12 Stachelbeeren zum Dekorieren zurücklegen. Die übrigen Stachelbeeren erhitzen und mit dem Stärkemehl binden. Die Stachelbeermasse auf den Boden geben. Die Schlagsahne mit Sahnesteif und Vanillezucker schlagen. Etwas Schlagsahne für die Dekoration zurückstellen. Die restliche Schlagsahne auf die Stachelbeermasse streichen.

Dekoration:
Brösel, Butter, Zucker und gehackte Mandeln in einer Pfanne goldgelb rösten und nach dem Erkalten auf der Schlagsahne verteilen. Zum Schluss die Torte mit der zurückgestellten Schlagsahne und den Stachelbeeren dekorieren.

Pfirsich-Maracuja-Torte

Zutaten:

Für den Boden:

125 g Butter

125 g Zucker

3 Eier

150 g Mehl

1 TL Backpulver

1 Pck. Vanillezucker

Für den Belag:

500 ml Schlagsahne

2 Pck. Vanillezucker

2 Pck. Sahnesteif

1 Dose Pfirsiche

250 ml Maracujasaft

2 Pck. Dessertsoße Vanille (ohne Kochen)

Backzeit:

20 Minuten bei 160 °C Umluft

Zubereitung:

Boden:
Aus den angegebenen Zutaten einen Rührteig herstellen, in eine Springform (Durchmesser 26 cm) füllen und backen. Auskühlen lassen.

Belag:
Um den ausgekühlten Tortenboden einen Tortenring legen. Die Pfirsiche abtropfen lassen, klein schneiden und auf dem Tortenboden verteilen. Die Schlagsahne mit Vanillezucker und Sahnesteif steif schlagen und kuppelförmig auf die Pfirsiche streichen.
Die Dessertsoße im Maracujasaft steif schlagen und auf der Schlagsahne verteilen.

Herbstblätter-Sahne-Torte

Zutaten:

Für den Boden:

8 Eiweiß

250 g Zucker

150 g gemahlene Haselnüsse

100 g Semmelbrösel

1 TL Zimt

90 g Butter

Für den Belag:

250 g Zartbitter-Kuvertüre

1 l Schlagsahne

3 Blatt weiße Gelatine

100 g Zucker

Mark einer Vanilleschote

30 ml Rum

Für die Dekoration:

etwas Kakaopulver

16 Schokoladenblätter

Backzeit:

10 – 12 Minuten bei 170 °C Umluft

Zubereitung:

Boden:
Das Eiweiß und den Zucker zu einer cremigen Masse schlagen. Haselnüsse, Semmelbrösel und Zimt vermischen und unter die Masse geben. Die Butter schmelzen und zum Schluss die flüssige, warme Butter unter die Biskuitmasse heben. Diese Masse gleichmäßig auf 6 Tortenböden verteilen. Jeweils 2 Böden gleichzeitig backen. Die Böden abkühlen lassen.

Belag:
Die Kuvertüre im Wasserbad oder in der Mikrowelle schmelzen und damit die Tortenböden vorsichtig bestreichen. Die Gelatine in kaltem Wasser einweichen. Die Schlagsahne mit dem Zucker steif schlagen und das Vanillemark hinzufügen. Die ausgedrückte Gelatine mit dem Rum auflösen und unter die Schlagsahne heben. Die Böden mit der Sahnemasse bestreichen und aufeinanderlegen.

Dekoration:
Die Torte mit Schokoladenblättern und Kakaopulver verzieren.

Rhabarber-Sahne-Torte

Zutaten:

Für den Boden:

3 Eier
150 g Zucker
1 Prise Salz
125 g Mehl
1 TL Backpulver
1 EL gemahlene Mandeln

Für die Füllung:

6 Blatt weiße Gelatine
1 Blatt rote Gelatine
350 g Rhabarber
100 ml Kirschsaft
100 g Zucker
1 Fl. Butter-Vanille-Aroma
400 ml Schlagsahne

Für die Dekoration:

75 g Mandelblättchen
Rosafarbene Baisertupfen
Waffelröllchen

Backzeit:

17 – 20 Minuten bei 200 °C

Kühlzeit:

1 Stunde

Zubereitung:

Boden:
Aus den angegebenen Zutaten einen Biskuitteig herstellen und im vorgeheizten Backofen backen. Den Boden abkühlen lassen, aus der Form lösen und einmal quer durchschneiden.

Füllung:
Die Gelatine einweichen. Den Rhabarber putzen, in kleine Stücke schneiden und im Kirschsaft ca. 5 Minuten dünsten. Zucker darin auflösen, mit Butter-Vanille-Aroma verfeinern und lauwarm abkühlen lassen. 4 EL Kompott beiseitestellen. Die Gelatine sorgfältig ausdrücken und im übrigen Kompott auflösen. Einen Tortenring um den unteren Boden legen. Zwei Drittel der Creme darauf verteilen. Den zweiten Boden daraufsetzen. Die Schlagsahne steif schlagen, sofort unter den Rest der Creme heben und verstreichen. 1 Stunde kaltstellen.

Dekoration:
Die Mandelblättchen in einer Pfanne ohne Fett rösten und abkühlen lassen. Die Torte aus dem Tortenring lösen und rundherum mit Mandelblättchen verzieren. Das restliche Kompott auf der Torte verteilen. Die Torte mit Baisertupfen, Waffelröllchen und Mandelblättchen verzieren.

Kokos-Himbeer-Torte

Zutaten:

Für den Boden:

6 Eier

200 g Zucker

1 Pck. Vanillezucker

1 Prise Salz

100 g Mehl

100 g Stärkepuder

50 g Kokosflocken

½ Pck. Backpulver

Für die Füllung:

1 Glas Himbeerkonfitüre

500 ml Schlagsahne

2 Pck. Vanillezucker

2 Pck. Sahnesteif

Für die Dekoration:

50 g Kokosflocken

250 ml Schlagsahne

1 Pck. Vanillezucker

1 Pck. Sahnesteif

Backzeit:

35 Minuten bei 175 °C

Kühlzeit:

2 Stunden

Zubereitung:

Boden:
Aus den angegebenen Zutaten einen Biskuitteig herstellen. Zum Schluss die Kokosflocken unterheben, backen und abkühlen lassen. Den Boden einmal quer durchschneiden.

Füllung:
Den unteren Boden dick mit Himbeerkonfitüre einstreichen.
Am Rand etwas Boden frei lassen. Den Deckel ebenfalls von der unteren Seite mit Himbeerkonfitüre bestreichen. Einen Tortenring um den Boden legen. Die Schlagsahne mit Sahnesteif und Vanillezucker steif schlagen. Die Schlagsahne in den Tortenring füllen und den Deckel auflegen. Die Torte für 2 Stunden kühlstellen.

Dekoration:
In der Zwischenzeit die Schlagsahne mit Sahnesteif und Vanillezucker steif schlagen. Nach dem Entfernen des Tortenrings die Torte mit der Schlagsahne rundherum bestreichen und mit Kokosflocken bestreuen.

Amarula-Torte

Zutaten:

Für den Boden:

5 Eier

125 g Zucker

125 g Mehl

1 TL Backpulver

70 g gemahlene Mandeln oder Haselnüsse

2 EL Kakao

Für den Belag:

1 Pck. gemahlene Gelatine

250 g Mascarpone

200 g Schmand

150 g Puderzucker

150 ml Amarula-Likör

200 ml Schlagsahne

Für die Dekoration:

Kakaopulver oder Schokostreusel

Backzeit:

50 Minuten bei 150 °C

Zubereitung:

Boden:
Aus den angegebenen Zutaten einen Biskuitteig herstellen und im vorgeheizten Backofen auf der unteren Schiene backen. Den Boden auskühlen lassen und einmal quer durchschneiden.

Belag:
Die gemahlene Gelatine mit 2 EL Wasser anrühren und quellen lassen. Mascarpone, Schmand, Puderzucker und Likör gut verrühren. Die Gelatine in der Mikrowelle auflösen und unter die Creme rühren. Die Schlagsahne sehr steif schlagen und unter die Creme heben. Wenn die Creme beginnt zu gelieren, die untere Hälfte des Bodens mit der Hälfte der Creme bestreichen. Den zweiten Boden auflegen und darauf die andere Hälfte der Creme geben. Den Rand ebenfalls mit der Creme bestreichen.

Dekoration:
Die Torte mit Kakaopulver oder Schokostreuseln verzieren.

Apfel-Haselnuss-Torte

Zutaten:

Für Boden:

125 g Butter
125 g Zucker
2 Eier
100 g Mehl
100 g gemahlene Haselnüsse
2 TL Backpulver
50 ml Milch

Für den Belag:

8 Blatt Gelatine
750 g Äpfel
60 g Zucker
125 ml Apfelsaft
250 g Mascarpone
250 g Quark
65 g Zucker
Saft und abgeriebene Schale von 1 Zitrone
500 ml Schlagsahne
1 Pck. Amarettini

Für die Dekoration:

gehackte Haselnüsse

Backzeit:

35 Minuten bei 175 °C

Kühlzeit:

3 Stunden

Zubereitung:

Boden:
Aus den angegebenen Zutaten einen Rührteig herstellen, in eine gefettete Springform geben und backen.

Belag:
Die Gelatine einweichen. Äpfel schälen, entkernen und in Spalten schneiden. Die Äpfel mit dem Zucker und dem Apfelsaft ca. 5 Minuten dünsten. Die Gelatine ausdrücken, darin auflösen und die Apfelmasse abkühlen lassen. Mascarpone, Quark, Zucker, Zitronensaft und Zitronenschale verrühren. Die leicht gelierende Apfelmasse unterheben. Die Schlagsahne steif schlagen und ebenfalls vorsichtig unterheben. Einen Tortenring um den ausgekühlten Boden setzen. Die Hälfte der Apfel-Creme-Masse auf dem Boden verteilen und dicht mit den Amarettini belegen. Dann die restliche Creme daraufstreichen. Ca. 3 Stunden in den Kühlschrank stellen.

Dekoration:
Die Torte mit Amarettini, gehackten Haselnüssen und nach Belieben Sahnetupfen garnieren.

Apfel-Vanille-Torte

Zutaten:

Für den Boden:

250 g Mehl

125 g Butter

75 g Zucker

1 Ei

3 Tropfen Bittermandelaroma

½ Pck. Backpulver

Für den Belag:

5 saure Äpfel

Zitronensaft

2 Pck. Vanillepudding (zum Kochen)

180 g Zucker

750 ml Apfelsaft

Für die Dekoration:

400 ml Schlagsahne

2 Pck. Sahnesteif

1 Pck. Vanillezucker

Eierlikör

Schokoraspel

Backzeit:

50 Minuten bei 180 °C

Kühlzeit:

30 Minuten + 1 Nacht

Zubereitung:

Boden:
Aus den angegebenen Zutaten einen Mürbeteig herstellen.
Den Teig eine halbe Stunde im Kühlschrank kühlen.

Belag:
In der Zwischenzeit die Äpfel schälen und in dünne Scheiben schneiden. Die Äpfel mit ein wenig Zitronensaft beträufeln, damit sie nicht braun werden. Das Puddingpulver mit Zucker und etwas Apfelsaft anrühren. Den Rest des Apfelsaftes zum Kochen bringen und mit dem Puddingpulver binden. Die Masse etwas abkühlen lassen. Den Teig in eine gefettete Springform füllen, dabei den Rand hochziehen. Die Äpfel auf den Teig schichten, die etwas abgekühlte Puddingmasse auf die Äpfel geben und backen.
Die Torte am besten über Nacht in der Form auskühlen lassen.

Dekoration:
Am nächsten Tag die Schlagsahne mit Sahnesteif und Vanillezucker steif schlagen und auf den Kuchen geben. Die Torte mit Eierlikör und Schokoraspel verzieren.

Schwarzwälder Kirschtorte

Zutaten:

Für den Boden:

6 Eier
2 EL warmes Wasser
100 g Zucker
80 g Mehl
60 g Speisestärke
1 Prise Salz
1 TL Backpulver
2 gehäufte EL Kakao

Für die Füllung:

1 Glas Sauerkirschen
2 EL Speisestärke
5 EL Zucker
6 EL Kirschwasser
800 ml Schlagsahne
4 Pck. Sahnesteif
3 Pck. Vanillezucker

Für die Dekoration:

16 Kirschen
Schokostreusel

Backzeit:

30 – 40 Minuten bei 175 °C

Zubereitung:

Boden:
Aus den angegebenen Zutaten einen Biskuitteig herstellen und backen.

Füllung:
Den ausgekühlten Biskuit zweimal quer durchschneiden. Kirschen gut abtropfen lassen. 16 Kirschen beiseitestellen. Die Speisestärke in etwas kaltem Kirschsaft anrühren. Den restlichen Saft mit Zucker aufkochen, mit der aufgelösten Speisestärke andicken, die Kirschen unterheben und das Kirschwasser unterrühren. Die abgekühlte Kirschmasse auf den ersten Boden streichen. Den zweiten Boden daraufsetzen. Die Schlagsahne mit Sahnesteif und Vanillezucker steif schlagen. Die Hälfte der Schlagsahne auf den zweiten Boden streichen und den letzten Boden aufsetzen. Die Schlagsahne für die Tuffs beiseitestellen. Mit der restlichen Schlagsahne die Torte ringsherum bestreichen.

Dekoration:
Die Torte mit Sahnetuffs, Schokostreusel und den zurückbehaltenen Kirschen verzieren.

Weiße-Schokoladen-Torte

Zutaten:

Für den Boden:

175 g Butter

175 g Zucker

1 Pck. Vanillezucker

4 Eier

160 g Mehl

2 TL Backpulver

2 EL Kakao

Für die Füllung:

4 Becher à 250 ml Schlagsahne

2 Tafeln weiße Schokolade

1 Glas Preiselbeeren

Tipp:

Die Torte lässt sich sehr gut einen Tag vor dem Verzehr zubereiten.

Backzeit:

30 Minuten bei 175 °C

Kühlzeit:

1 Nacht

Zubereitung:

Boden:
Aus den angegebenen Zutaten einen Rührteig herstellen und backen. Nach dem Backen den Boden zweimal quer durchschneiden.

Füllung:
Die Schlagsahne mit der Schokolade aufkochen und über Nacht kalt stellen.
Die gekochte Schlagsahne steif schlagen. Auf den unteren Boden etwas von der Schlagsahne streichen. Den zweiten Boden darauflegen und mit den Preiselbeeren bestreichen. Den dritten Boden auflegen und mit der restlichen Schlagsahne bestreichen und garnieren.

Zitronentorte

Zutaten:

Für den Boden:

4 Eier

9 EL Zucker

9 EL Mehl

9 EL Öl

1 Pck. Backpulver

Für die Füllung:

350 g Zucker

3 Eier

3 Pck. Fruchtdessert Zitrone

800 ml Wasser

Für die Dekoration:

Puderzucker

2 – 3 EL Zitronensaft

Schokostreusel

Backzeit:

25 Minuten bei 175 °C

Zubereitung:

Boden:
Aus den angegebenen Zutaten einen Rührteig herstellen. Eine Springform einfetten, den Teig einfüllen und backen. Nach dem Backen den Boden zweimal quer durchschneiden.

Füllung:
Etwas Wasser, Zucker, Eier und die Päckchen Fruchtdessert Zitrone verrühren. Das Wasser kochen, den Topf von der Kochstelle nehmen, das angerührte Pulvergemisch unter Rühren hinzufügen und nochmals kurz aufkochen. Die Zitronencreme etwas abkühlen lassen.
Einen Tortenring um den Boden legen. Die Hälfte der Creme darauf verteilen. Den zweiten Boden auflegen und die restliche Creme darübergeben. Schließlich mit dem dritten Boden abdecken.

Dekoration:
Aus dem Puderzucker und dem Zitronensaft einen Guss herstellen und auf der Torte verteilen. Die Torte mit Schokostreuseln dekorieren.

Schneeball-Torte

Zutaten:

Für den Boden:

4 Eier

110 g Zucker

75 g Mehl

75 g Speisestärke

1 TL Backpulver

Für den Belag:

2 Pck. gemahlene Gelatine

2 kleine Dosen Mandarinorangen

125 ml Mandarinensaft

600 g Schmand

5 Pck. Vanillezucker

1 EL Zucker

500 ml Schlagsahne

100 g Getränkepulver (Orange)

Für die Dekoration:

nach Belieben
1 TL Kaffeepulver und Zitronenmelisse

Backzeit:

30 Minuten bei 175 °C

Zubereitung:

Boden:
Aus den angegebenen Zutaten einen Biskuitteig herstellen.
Die Biskuitmasse in eine am Boden mit Backpapier ausgelegte Springform (Durchmesser 26 cm) füllen und im vorgeheizten Backofen backen.

Belag:
1 Pck. gemahlene Gelatine mit 4 EL kaltem Wasser verrühren.
Die Mandarinorangen abtropfen lassen und den Saft auffangen.
Mandarinensaft, Schmand, 2 Pck. Vanillezucker und Zucker verrühren. Die Gelatine auflösen und unter die Schmandcreme rühren. Die Mandarinen unterheben. Einen Tortenring um den ausgekühlten Tortenboden legen, die Creme daraufstreichen und im Kühlschrank fest werden lassen.
1 Paket gemahlene Gelatine und 4 EL Wasser verrühren. Die Schlagsahne steif schlagen, dabei 3 Pck. Vanillezucker und Getränkepulver (Orange) unterheben. Die Gelatine auflösen und unterrühren. Im Kühlschrank fest werden lassen. Mit einem Eisportionierer Kugeln abstechen und auf die Schmandcreme setzen.

Dekoration:
Die Torte mit Kaffeepulver und Zitronenmelisse verzieren.

Kaffee-Baileys-Torte ohne Backen

Zutaten:

Für den Boden :

125 g Butter

½ Tafel Zartherb-Schokolade

150 g Löffelbiskuits

Für den Belag:

600 g Frischkäse

300 g Naturjoghurt

75 g Zucker

75 ml frisch gebrühten Kaffee

75 ml Baileys

3 Pck. Sofortgelatine

250 g Himbeeren

Für die Dekoration:

Himbeeren

Kaffeepulver

Kühlzeit:

1 Nacht

Zubereitung:

Boden:
Die Butter schmelzen, die Schokolade raspeln und die Löffelbiskuits zerbröseln. Alle Zutaten mischen und in eine mit Backpapier ausgelegte Springform drücken.

Belag:
Frischkäse, Joghurt, Zucker, Kaffee und Baileys mit dem Mixer verrühren. Die Gelatine unterrühren und 1 Minute weiterrühren. Einen Tortenring um den Boden legen und die Himbeeren auf dem Boden verteilen. Die Creme darübergeben und am besten über Nacht kühl stellen.

Dekoration:
Die Torte nach Belieben mit Himbeeren und Kaffeepulver dekorieren.

Waldmeistertorte

ohne Backen

Zutaten:

Für den Boden:

200 g Löffelbiskuits

125 g Butter

Für den Belag:

500 g Dickmilch

60 g Zucker

3 Pck. Vanillezucker

Saft von 1 Zitrone

6 Schnapsgläser Waldmeistersirup

7 Blatt Gelatine

2 Becher Schlagsahne

Für die Dekoration:

250 ml lauwarmes Wasser

Saft von 1 – 1½ Zitronen

3 Schnapsgläser Waldmeistersirup

6 Blatt Gelatine

Kühlzeit:

1 Stunde

Zubereitung:

Boden:
Die Löffelbiskuits zerbröseln und mit der erhitzten Butter verrühren. Die Keksmasse auf einer Tortenplatte mit Tortenring verteilen.

Belag:
Dickmilch, Zucker, Vanillezucker, Zitronensaft und Waldmeistersirup miteinander verrühren. Die Gelatine nach Packungsanleitung auflösen und unterziehen. Die Schlagsahne steif schlagen und, wenn die zubereitete Creme zu gelieren beginnt, die geschlagene Sahne unter die Creme heben. Die Torte ca. 1 Stunde in den Kühlschrank stellen.

Dekoration:
Wasser, Zitronensaft und Waldmeistersirup vermengen. Die Gelatine nach Packungsanleitung auflösen und unterheben. Die zubereitete Masse auf die fest gewordene Torte geben.

Preiselbeertorte

Zutaten:

Für den Boden:

100 g Mehl

30 g Speisestärke

15 g Kakao

2 TL Backpulver

150 g Zucker

1 Pck. Vanillezucker

3 Eier

Für den Belag:

1 Glas Wild-preiselbeeren

250 g Magerquark

2 EL Milch

250 ml Schlagsahne

1 Pck. Vanillezucker

1 Pck. Sahnesteif

Für die Dekoration:

Schokoladensplitter

Backzeit:

20 Minuten bei 160 °C

Zubereitung:

Boden:
Aus den angegebenen Zutaten einen Rührteig herstellen, in eine gefettete Springform füllen und backen.

Belag:
Die Preiselbeeren in einem Sieb gut abtropfen lassen. Den Quark und die Milch verrühren. Die Preiselbeeren unterheben. Die Schlagsahne mit Vanillezucker und Sahnesteif steif schlagen und unter die Quark-Preiselbeer-Masse heben. Die Masse auf dem ausgekühlten Boden verteilen.

Dekoration:
Die Torte mit Schokoladensplittern dekorieren.

Tipp:
Anstelle der Preiselbeeren können auch andere Früchte wie z. B. Kirschen, Pfirsiche oder Aprikosen verwendet werden.

Käse-Pfirsich-Torte

Zutaten:

Für den Boden:

3 Eier

100 g Zucker

1 Prise Salz

75 g Mehl

50 g Speisestärke

1 TL Backpulver

Für den Belag:

1 Tasse Puderzucker

200 g Frischkäse

600 ml Schlagsahne

5 Pck. Sahnesteif

1 Dose Pfirsiche

Für die Dekoration:

500 ml Pfirsichsaft/
Multivitaminsaft

2 Pck. heller Tortenguss

Backzeit:

25 Minuten bei 175 °C

Zubereitung:

Boden:
Aus den angegebenen Zutaten einen Biskuitteig herstellen, in eine mit Backpapier ausgelegte Springform füllen und backen.

Belag:
Den Puderzucker und den Frischkäse verrühren. Die Schlagsahne mit Sahnesteif schlagen und in die Frischkäse-Creme geben. Die Pfirsiche in kleine Stücke schneiden und unterheben. Die Masse auf dem Boden verteilen.

Dekoration:
Mit dem Saft und dem Tortengusspulver nach Anleitung einen Guss herstellen und über den Kuchen geben.

Käsekuchen mit Baiser-Haube

Zutaten:

Für den Boden:

150 g Butterschmalz

200 g Butterkekse

50 g gemahlene Haselnüsse

Für den Belag:

3 Eier

500 g Quark

200 g Frischkäse

150 g Zucker

1½ Pck. Puddingpulver zum Kochen (Sahnegeschmack)

1 Pck. Vanillezucker

Saft von 1 Zitrone

150 ml Sonnenblumenöl

500 ml Milch

Für die Dekoration:

3 Eiweiß

100 g Zucker

Backzeit:

45 – 50 Minuten bei 150 °C Umluft
Baiser: weitere 20 Minuten

Kühlzeit:

3 Stunden

Zubereitung:

Boden:
Aus geschmolzenem Butterschmalz, zerbröselten Keksen und Haselnüssen einen Boden herstellen. Eine Springform (Durchmesser 26 cm) damit auslegen.

Belag:
Die Eier trennen. Quark, Frischkäse, Zucker, Puddingpulver, Eigelb, Vanillezucker, Zitronensaft und Sonnenblumenöl verrühren. Die Milch unter Rühren nach und nach zugießen. Die Masse auf den Boden geben und im vorgeheizten Backofen backen.

Dekoration:
Das Eiweiß steif schlagen und dabei den Zucker einrieseln lassen. Die Baisermasse vorsichtig auf den Kuchen streichen, dabei einen 1 cm breiten Rand frei lassen. Weitere 20 Minuten backen. Den Kuchen aus dem Ofen nehmen, aus der Form lösen und 3 Stunden kühl stellen.

Ananas-Sahne-Torte

Zutaten:

Für den Boden:

4 Eier

3 – 4 EL heißes Wasser

150 g Zucker

1 Pck. Vanillezucker

100 g Weizenmehl

100 g Speisestärke

1 Pck. Backpulver

Für die Füllung und die Dekoration:

1 große Dose Ananasscheiben

600 ml Schlagsahne

3 Pck. Sahnesteif

Schokoraspel

Backzeit:

25 – 30 Minuten bei 170 – 200 °C

Zubereitung:

Boden:
Die angegebenen Zutaten zu einem Biskuitteig verarbeiten, in eine mit Backpapier ausgelegte Springform (Durchmesser 26 cm) füllen und backen. Den ausgekühlten Boden einmal quer durchschneiden.

Füllung und Dekoration:
Eine Ananasscheibe in 14 Stücke schneiden und zurücklegen. Die restlichen Ananasscheiben pürieren. 400 ml Schlagsahne mit 2 Pck. Sahnesteif steif schlagen und unter die Ananasmasse ziehen.
Die Hälfte dieser Masse auf den unteren Tortenboden streichen. Den zweiten Boden daraufsetzen und die restliche Masse gleichmäßig darauf verteilen.
Die restlichen 200 ml Schlagsahne mit 1 Pck. Sahnesteif steif schlagen und die Torte damit bestreichen. Abschließend die Torte mit den zurückgelegten 14 Ananasstückchen garnieren. Die Torte mit Schokoraspeln bestreuen.

Weintraubentorte

Zutaten:

Für den Boden:

100 g Margarine

100 g Zucker

3 Eier

100 g Mehl

2 TL Backpulver

75 g gemahlene Mandeln

50 g gehackte und geröstete Mandeln

Für die Füllung:

500 ml weißer Traubensaft

100 g Zucker

Saft von 1 Zitrone

9 Blatt weiße Gelatine

500 ml Schlagsahne

1 Becher Schmand

250 g kernlose grüne Weintrauben

250 g kernlose blaue Weintrauben

Für die Dekoration:

500 ml roter Traubensaft

60 g Zucker

2 Pck. Vanille-Soßenpulver

7 Blatt weiße Gelatine

Backzeit:

25 – 30 Minuten bei 160 °C

Kühlzeit:

1 Nacht

Zubereitung:

Boden:
Aus den angegebenen Zutaten einen Rührteig herstellen, in eine eingefettete Springform geben und backen.

Füllung:
Den Traubensaft mit dem Zucker und dem Zitronensaft vermischen. Die Gelatine einweichen und in etwas heißem Traubensaft auflösen. Die aufgelöste Gelatine vorsichtig unter das Saft-Zucker-Zitronen-Gemisch rühren. Die Sahne schlagen. Die Schlagsahne und den Schmand vorsichtig unterheben.
Die Weintrauben waschen, trocknen und halbieren. Die halbierten Trauben unter die Masse heben. Um den abgekühlten Tortenboden einen Tortenring legen, die Masse auf den Boden geben und glatt streichen. Die Torte in den Kühlschrank stellen.

Dekoration:
Für den Guss den Traubensaft mit dem Zucker aufkochen und das angerührte Soßenpulver in die kochende Flüssigkeit geben. Einmal aufkochen lassen. Die Gelatine einweichen, in die Flüssigkeit geben und verrühren. Den etwas abgekühlten Guss auf der Torte verteilen. Die Torte über Nacht kalt stellen und schließlich mit Weintrauben dekorieren.

Erdbeer-Frischkäse-Torte
ohne Backen

Zutaten:

Für den Boden:

140 g Butter

200 g Butterkekse

Für die Füllung:

300 g Doppelrahm-Frischkäse

100 g Puderzucker

2 EL Milch

100 g gemahlene Mandeln

600 g Erdbeeren

500 ml Schlagsahne

1 Pck. Vanillezucker

2 Pck. Sahnesteif

1 EL Zucker

½ Pck. roter Tortenguss

125 ml klarer Apfelsaft

Zitronenmelisse

Kühlzeit:

1 Nacht

Zubereitung:

Boden:
Die Butter schmelzen. Die Kekse zerbröseln und mit der Butter mischen. Die Masse auf dem Boden einer Springform verteilen und andrücken.

Füllung:
Frischkäse, Puderzucker und Milch glatt rühren und auf den Keksboden streichen. Dann die Mandeln auf der Käsemasse verteilen. Die Torte kalt stellen.
Die Erdbeeren waschen, putzen und halbieren. Die Schlagsahne mit Sahnesteif und Vanillezucker steif schlagen. Die Erdbeeren – bis auf einige zum Verzieren – auf der Mandelschicht verteilen und mit Schlagsahne bedecken. Zucker und Tortenguss mischen und mit Apfelsaft verrühren. Unter Rühren einmal aufkochen und heiß in Streifen auf die Schlagsahne gießen.
Die Torte über Nacht kühl stellen.

Dekoration:
Die Torte vor dem Servieren aus der Form lösen und mit den zurückgestellten Erdbeeren und der Zitronenmelisse verzieren.

Marzipan-Nuss-Torte

Zutaten:

Für den Boden:

5 Eier

180 g Zucker

150 g Mehl

50 g Speisestärke

1 TL Backpulver

Für die Füllung:

4 Becher Schlagsahne

3 Pck. Sahnesteif

2 Pck. Vanillezucker

100 g gemahlene Hasel- oder Walnüsse

2 EL Aprikosenmarmelade

½ Fl. Bittermandelaroma

Für die Dekoration:

1 – 1½ Pck. Marzipan oder 1 fertige Marzipandecke

Sahnetuffs

ganze Walnüsse

Backzeit:

30 Minuten bei 175 °C

Zubereitung:

Boden:
Aus den angegebenen Zutaten einen Biskuitteig herstellen. Den Teig in eine nur am Boden gefettete Springform füllen und backen. Den ausgekühlten Tortenboden zweimal quer durchschneiden.

Füllung:
Die Schlagsahne mit Sahnesteif und Vanillezucker steif schlagen. Bittermandel nach Geschmack und dann die Nüsse unter die Schlagsahne heben. Den ersten Boden mit Aprikosenmarmelade bestreichen und einen Teil der Schlagsahne darübergeben, den zweiten Boden auflegen und wieder Schlagsahne darüber verteilen.

Dekoration:
Zum Schluss die Marzipandecke über die Torte geben und diese mit Sahnetuffs und Nüssen verzieren.

Kaffeekuchen

Zutaten:

Für den Boden:

3 Eier
200 g Zucker
200 g Butter
1 Prise Salz
2 Pck. Vanillezucker
200 g Mehl
2 TL Backpulver
250 ml Kaffee
evtl. 3 EL Weinbrand
3 EL Kakaopulver

Für den Belag und die Dekoration:

500 ml Schlagsahne
2 Pck. Sahnesteif
2 Pck. Vanillezucker
Kakaopulver

Backzeit:

35 – 40 Minuten bei 175 °C

Zubereitung:

Boden:
Aus den angegebenen Zutaten einen Rührteig herstellen, in eine Springform (Durchmesser 26 cm) füllen und auf der unteren Schiene backen.
Den gebackenen, noch warmen Kuchen mit einem Schaschlikstäbchen ganz oft einstechen und mit einem Tortenring umgeben. 250 ml kalten Kaffee nach Geschmack mit 3 EL Weinbrand und 3 EL gesüßtem Kakaopulver verrühren und esslöffelweise über den noch warmen Kuchen geben.

Belag und Dekoration:
Die Schlagsahne mit Sahnesteif und Vanillezucker steif schlagen und auf den ausgekühlten Boden streichen. Die Torte mit Kakaopulver bestäuben.

Quarktorte, gebacken

Zutaten:

Für den Boden:

75 g Butter

75 g Zucker

200 g Mehl

1 TL Backpulver

Für die Füllung:

500 g Magerquark

3 Eier

100 g Zucker

1 Pck. Vanillepudding-pulver

Saft von ½ Zitrone

1 Tasse Öl

500 ml Milch

Backzeit:

50 Minuten bei 175 °C

Zubereitung:

Boden:
Aus den angegebenen Zutaten einen Knetteig herstellen. In eine am Boden und am Rand gefettete Springform geben.

Füllung:
Die Eier trennen. Das Eiweiß mit Zucker schlagen und zur Seite stellen. Magerquark, Eigelb, Vanillepuddingpulver, Zitronensaft, Öl und Milch verquirlen, auf den Teig geben und backen. 10 Minuten vor dem Ende der Backzeit das geschlagene Eiweiß auf die Torte geben und zu Ende backen.

Kirsch-Mascarpone-Torte

Zutaten:

Für den Boden:

3 Eier

100 g Zucker

100 g Butter

3 EL Mehl

6 EL Kakaopulver

100 g gehackte Haselnüsse

2 TL Backpulver

Für die Füllung:

2 Gläser Schattenmorellen

7 Blatt Gelatine

250 g Mascarpone

100 g Puderzucker

1 Pck. Vanillezucker

250 ml Schlagsahne

Für die Dekoration:

1 Pck. roter Tortenguss

2 EL Zucker

Backzeit:

25 Minuten bei 175 °C

Kühlzeit:

3 Stunden

Zubereitung:

Boden:
Aus den angegebenen Zutaten einen Rührteig herstellen. Dafür die Eier trennen, das Eiweiß schlagen und zum Schluss unterheben. Den Teig in eine gefettete Springform füllen und backen. Nach dem Backen den Boden einmal quer durchschneiden.

Füllung:
Die Gelatine nach Packungsanleitung zubereiten. Mascarpone, Puderzucker und Vanillezucker glatt rühren, dann die aufgelöste Gelatine unterheben. Die Schlagsahne steif schlagen. Wenn die Creme zu gelieren beginnt, Schlagsahne und ein Drittel der Kirschen unterheben. Einen Tortenring um den Boden legen. Die Masse auf dem ersten Boden verteilen und glatt streichen. Den zweiten Boden darauflegen und mit den restlichen Kirschen belegen.

Dekoration:
Den Tortenguss mit Zucker nach Packungsanleitung zubereiten und auf den Kirschen verteilen. Die Torte im Kühlschrank ca. 3 Stunden kühlen.

Omas Frischkäsetorte
ohne Backen

Zutaten:

Für den Boden:

140 g Butter

200 g Löffelbiskuits

40 g Cornflakes

Für den Belag:

1 Beutel Götterspeise Zitrone

400 g Frischkäse

50 ml Zitronensaft

120 g Zucker

1 Pck. Vanillezucker

2 Becher Schlagsahne

Kühlzeit:

2 Stunden

Zubereitung:

Boden:
Die Butter in der Mikrowelle 1 Minute bei 600 Watt schmelzen. Die Löffelbiskuits und die Cornflakes zerbröseln und mit der geschmolzenen Butter mischen. Einen Tortenring auf eine Kuchenplatte legen. Darauf drei Viertel der Masse geben und andrücken.

Belag:
Die Götterspeise Zitrone mit etwas Wasser verrühren und 5 Minuten quellen lassen, dann bei 600 Watt 45 Sekunden in der Mikrowelle auflösen. Frischkäse, Zitronensaft, Zucker und Vanillezucker verrühren, etwas von der Masse in die Götterspeise rühren. Dann die Götterspeise in die Frischkäsemasse rühren. Die Schlagsahne steif schlagen und unter die Frischkäsemasse rühren. Diese Masse auf den Löffelbiskuitboden geben und glatt streichen. Die restliche Löffelbiskuitmischung auf die Frischkäsemasse geben. Die Torte 2 Stunden im Kühlschrank kalt stellen.

Ostfriesentorte

Zutaten:

Für den Boden:

5 Eier

180 g Zucker

1 Pck. Vanillezucker

180 g Mehl

1 TL Backpulver

Für die Füllung:

3 – 4 Becher Schlagsahne

1 Pck. Vanillezucker

Sahnesteif entsprechend der Menge der Schlagsahne

Rumrosinen nach Belieben

Für die Dekoration:

Sahne

100 g Mandelblättchen

Rumrosinen

Backzeit:

30 – 40 Minuten bei 175 °C

Zubereitung:

Boden:
Aus den angegebenen Zutaten einen Biskuitteig herstellen und backen.

Füllung:
Die Schlagsahne mit Vanillezucker und Sahnesteif steif schlagen. Für die Garnitur ca. ein Drittel der Schlagsahne und einige Rumrosinen beiseitestellen. Den Biskuitboden zweimal quer durchschneiden. Die Böden mit Schlagsahne und Rumrosinen füllen.

Dekoration:
Die Torte mit Schlagsahne bestreichen und mit Sahnetuffs, gerösteten Mandeln und Rumrosinen verzieren.

Eierlikörtorte

Zutaten:

Für den Boden:

100 g Butter

100 g Zucker

3 Eier

100 g gemahlene Haselnüsse

60 g Kakaopulver

1 TL Backpulver

Für den Belag:

500 ml Schlagsahne

1 Pck. Sahnesteif

1 Pck. Vanillezucker

250 ml Eierlikör

Backzeit:

25 Minuten bei 175 °C

Zubereitung:

Boden:
Butter, Zucker und Eigelb schaumig schlagen. Das Eiweiß steif schlagen und zusammen mit den Haselnüssen, dem Kakaopulver und dem Backpulver nach und nach unterheben. Den Teig in eine gefettete Springform füllen und backen.

Belag:
Die Schlagsahne mit Sahnesteif und Vanillezucker steif schlagen und auf die abgekühlte Torte streichen. Den Eierlikör auf die Schlagsahne geben.

Mohn-Preiselbeer-Torte

Zutaten:

Für den Boden:

3 Eier

100 g Zucker

1 Prise Salz

75 g Mehl

50 g Speisestärke

1 TL Backpulver

Für den Belag:

500 g Magerquark

250 g backfertiger Mohn

2 Pck. Vanillezucker

75 g Zucker

400 ml Schlagsahne

2 Pck. Sahnesteif

2 Pck. roter Tortenguss

2 kleine Gläser Preiselbeeren

Backzeit:

20 Minuten bei 175 °C

Zubereitung:

Boden:
Aus den angegebenen Zutaten einen Biskuitteig herstellen, in eine mit Backpapier ausgelegte Springform füllen und backen.

Belag:
Magerquark, Mohn, Vanillezucker und Zucker miteinander verrühren. Die Schlagsahne mit Sahnesteif steif schlagen und unterheben. Die Quarkmasse auf den Biskuitboden streichen. Den Tortenguss mit Preiselbeersaft (evtl. mit Wasser auffüllen) nach Anleitung zubereiten, Preiselbeeren hinzufügen und auf der Torte verteilen.

Apfel-Sahne-Torte

Zutaten:

Für den Boden:

5 Eier
180 g Zucker
1 Pck. Vanillezucker
150 g Mehl
30 g Stärkepuder
½ Pck. Backpulver

Für die Füllung:

1 Glas Apfelkompott
600 ml Schlagsahne
3 Pck. Sahnesteif
3 Pck. Vanillezucker

Für die Dekoration:

Zucker-Zimt-Gemisch

Backzeit:

30 – 40 Minuten bei 175 °C

Zubereitung:

Boden:
Aus den angegebenen Zutaten einen Biskuitteig herstellen und backen.

Füllung und Dekoration:
Zuerst von dem ausgekühlten Biskuitboden eine ganz dünne Schicht abschneiden und zerbröseln. Dann eine zweite, etwas dickere Schicht – als Deckel – abschneiden. Den verbleibenden unteren Boden etwas aushöhlen, dabei an den Seiten 1 cm als Rand stehen lassen. Den auf diese Weise entnommenen Boden ebenfalls zerbröseln. In die Vertiefung das Apfelkompott geben. Einen Tortenring um den Boden legen. Die Schlagsahne mit Sahnesteif und Vanillezucker steif schlagen und in den Tortenring füllen, etwas Schlagsahne zurückbehalten. Den Deckel auflegen und mit dem Rest Schlagsahne bestreichen. Die Biskuitbrösel auf der Schlagsahne verteilen. Die Torte nach Geschmack mit dem Zucker-Zimt-Gemisch bestreuen.

Mandarinen-Frischkäse-Torte

Zutaten:

Für den Boden:

4 Eier

4 EL Wasser

150 g Zucker

1 Pck. Vanillezucker

150 g Mehl

½ Pck. Backpulver

Für die Füllung:

200 g Frischkäse

4 EL Zucker

2 Dosen Mandarinen

3 Becher Schlagsahne

3 Pck. Sahnesteif

Backzeit:

35 Minuten bei 175 °C

Zubereitung:

Boden:
Aus den angegebenen Zutaten einen Biskuitteig herstellen und backen. Den gebackenen Boden zweimal quer durchschneiden.

Füllung:
Den Frischkäse und den Zucker verrühren. Dann die Mandarinen unterheben – ein paar Mandarinen für die Dekoration zurückstellen. Die Schlagsahne mit Sahnesteif fest schlagen und unter die Frischkäse-Creme rühren.

Dekoration:
Die Torte mit Sahnetupfen und Mandarinen garnieren.

Fruchtige Quark-Krümel-Torte

Zutaten:

Für den Boden:

5 Eier

150 g Zucker

1 Vanillezucker

100 g Mehl

80 g Stärkemehl

½ Pck. Backpulver

Für die Füllung:

1 Dose Fruchtcocktail

1 Pck. Quarkfein Vanillegeschmack

500 g Quark

400 ml Schlagsahne

Für die Dekoration:

etwas Puderzucker

Backzeit:

30 Minuten bei 180 °C

Kühlzeit:

einige Stunden

Zubereitung:

Boden:
Aus den angegebenen Zutaten einen Biskuitteig herstellen und backen.

Füllung:
Fruchtcocktail abtropfen lassen. Quarkfein mit 200 ml Fruchtcocktail-Saft verrühren, den Quark und den Fruchtcocktail unterheben. Die Schlagsahne steif schlagen – ca. 4 EL für den Rand zurückbehalten – und ebenfalls vorsichtig unterheben. Den Boden gut abkühlen lassen, einen ca. 1 cm dünnen Deckel davon abschneiden und zerkrümeln. Den weiteren Boden einmal quer durchschneiden. Einen Tortenring um, unteren Boden legen. Die Hälfte der Füllung daraufstreichen, den zweiten Boden auflegen und darauf den Rest der Quarkfüllung verteilen. Anschließend die Teigkrümel darübergeben. Die Torte für einige Stunden kalt stellen.

Dekoration:
Den Tortenrand mit der zurückgestellten Schlagsahne bestreichen und mit einem Tortenkamm oder einer Gabel verzieren. Die Torte mit Puderzucker bestäuben.

Baileys-Torte

Zutaten:

Für den Boden:

125 g Butter

100 g Zucker

2 Eier

70 g Mehl

70 g Speisestärke

1 TL Backpulver

Für den Belag:

100 g dunkle Kuchenglasur

100 ml Baileys

750 ml Schlagsahne

3 Pck. Sahnesteif

1 TL Instantkaffee

1 Tasse Cappuccino-pulver

Für die Dekoration:

Kakaopulver

Backzeit:

25 – 30 Minuten bei 170 °C

Zubereitung:

Boden:
Aus den angegebenen Zutaten einen Rührteig herstellen, in eine mit Backpapier ausgelegte Springform geben und backen.

Belag:
Die Kuchenglasur im Wasserbad auflösen und den Boden damit bestreichen. Härten lassen und mit der Schokoladenseite nach unten auf eine Tortenplatte legen. Die Oberseite des Bodens mit einer Stricknadel oder Gabel einstechen und mit Baileys beträufeln.
500 ml Schlagsahne mit Sahnesteif schlagen und auf den Boden streichen. 250 ml Schlagsahne mit Instantkaffee und Cappuccinopulver steif schlagen und auf die weiße Schlagsahne streichen.

Dekoration:
Die Torte dünn mit Kakaopulver bestäuben.

Amerika-Torte

Zutaten:

Für den Boden:

125 g Zucker
125 g Margarine
4 Eigelb (Größe L)
150 g Mehl
2 TL Backpulver
1 Pck. Vanillezucker

Für den Baiserbelag:

4 Eiweiß
200 g Zucker

Für die Füllung:

125 ml Wasser
Saft von 2 Zitronen
70 – 100 g Zucker
2½ TL Stärkepuder
500 ml Schlagsahne
2 Pck. Vanillezucker
2 Pck. Sahnesteif

Backzeit:

30 Minuten bei 160 °C Umluft

Zubereitung:

Boden:
Aus den angegebenen Zutaten einen Rührteig herstellen. Den Teig auf zwei Springformen (Durchmesser 26 cm) verteilen. Das Eiweiß mit Zucker sehr steif schlagen und auf beide Böden verteilen. Beide Böden zusammen backen. Nach 30 Minuten den Ofen ausschalten, die Böden nach weiteren 10 Minuten herausnehmen und auskühlen lassen.

Füllung:
Wasser, Zitronensaft und Zucker aufkochen. Das angerührte Stärkepuder hinzufügen und nochmals aufkochen, dann abkühlen lassen und auf den ersten Boden geben. Die Schlagsahne mit Sahnesteif und Vanillezucker steif schlagen und drei Viertel davon auf der Zitronenmasse verteilen. Den zweiten Boden auflegen und rundherum mit der restlichen Schlagsahne verzieren.

Schwedischer Apfelkuchen mit Nüssen

Zutaten:

Für den Boden:

125 g weiche Butter

120 g Zucker

1 Prise Salz

3 Eier

100 g gemahlene Haselnüsse

75 g Mehl

2 TL Backpulver

1 TL gemahlener Zimt

Für den Belag:

1 kg Äpfel

2 EL Zitronensaft

1 Pck. Vanillepudding-pulver

200 ml Cidre/Hugo oder Apfelsaft

60 g Zucker

75 g Butter

Für die Dekoration:

3 EL gehobelte Haselnüsse

500 ml Schlagsahne

Backzeit:

20 – 25 Minuten bei 175 °C

Zubereitung:

Boden:
Aus den angegebenen Zutaten einen Rührteig herstellen. Eine Springform am Boden mit Backpapier auslegen, den Teig hineinfüllen und backen.

Belag:
Die Äpfel schälen, in kleine Stücke schneiden und mit dem Zitronensaft beträufeln. Das Puddingpulver mit etwas Cidre oder Apfelsaft glatt rühren. Den restlichen Cidre oder Apfelsaft mit den Äpfeln und dem Zucker in einem Topf erhitzen. Das angerührte Puddingpulver einrühren und 2 – 3 Minuten bei mittlerer Hitze unter ständigem Rühren kochen. Die Butter einrühren, die Apfelmasse etwas abkühlen lassen und auf dem Boden verteilen.

Dekoration:
Die gehobelten Haselnüsse in einer Pfanne ohne Fett goldbraun rösten. Die Schlagsahne schlagen, auf der Apfelmasse verteilen und mit den gerösteten Haselnüssen dekorieren.

Pfirsich-Mandel-Torte

Zutaten:

Für den Boden:

3 Eier

80 g Zucker

90 g Mehl

1 TL Backpulver

Für die Füllung:

150 g Joghurt Pfirsich-Maracuja

1 Dose Pfirsiche

500 ml Pfirsichsaft (Saft aus Dose auffüllen)

2 Pck. Vanillepudding-pulver

Für die Dekoration:

600 ml Schlagsahne

16 Giotto-Pralinen

30 g Mandelblättchen

25 g gehobelte Mandeln

Backzeit:

20 Minuten bei 175 °C

Kühlzeit:

2 Stunden

Zubereitung:

Boden:
Aus den angegebenen Zutaten einen Teig herstellen. Eine Springform mit Backpapier auslegen, den Rand einfetten, den Teig einfüllen und backen.

Füllung:
Den Pfirsich-Maracuja-Joghurt auf dem Boden verteilen. Die abgetropften Pfirsiche in Würfel schneiden. Einen Tortenring um den Boden legen. Aus dem Pfirsichsaft und dem Puddingpulver einen Pudding kochen und die gewürfelten Pfirsiche unterheben. Die Masse auf den Boden geben und 2 Stunden im Kühlschrank kalt stellen.

Dekoration:
Die Schlagsahne schlagen. Giotto-Pralinen – evtl. 5 – 6 Stück für die Dekoration zurückstellen – grob hacken und unter die Schlagsahne heben. Die Schlagsahne auf den ausgekühlten Pfirsichpudding geben. Mandelblättchen und gehobelte Mandeln in einer Pfanne leicht rösten, die restlichen Giotto-Pralinen halbieren und als Dekoration auf die Torte geben.

Mit Liebe für Sie gemacht!

GENUSS. NATUR. LAND LEBEN.

Wir liefern
herausragende Qualität.

MATERIAL, FORMAT, BINDUNG

Wir stehen für hochwertige Bücher mit individuellen Details.

KNIPS!

Ein anregendes Layout und großformatige Bilder sind für uns unerlässlich.

REGIONAL VERWURZELT

Kurze Transportwege sind uns wichtig – für die Umwelt und einen kleineren CO_2-Fußabdruck.

FAMILIÄR

Unser Team kümmert sich mit Hingabe um jede Ihrer Anfragen.

NATURVERBUNDEN

Wir bevorzugen FSC-zertifiziertes Papier.

FEEDBACK

Wir nehmen uns Kritik zu Herzen
und sehen Fehler als Chance.

GEPRÜFTE QUALITÄT

Wir achten auf sachlich korrekte
und gut recherchierte Inhalte.

WERTSCHÄTZUNG

Wir setzen auf faire Vergütung
unserer AutorInnen.

LANGFRISTIGE PARTNERSCHAFTEN

Vertrauen und Kommunikation
auf Augenhöhe sind die Grundsteine
unserer Zusammenarbeit.

Die Torten

alphabetisch sortiert

Ein großer Dank gilt unseren Torten-Bäckerinnen:

Annegret Arians
Rita Beekmann
Gisela de Buhr
Edith Duis
Frieda Fecht
Johanne Franzen
Marianne Frieling
Gisela Gerdes
Irma Grätsch
Christa Grüßing
Gesine Grüßing
Edith Hanken
Tilde Heibült
Hanna Korth
Helga Kuper
Irmgard Linnemann
Antine Lümken
Gretchen Lümken
Karina Lümken
Alma Mittag
Elke Mittag
Helga Roßkamp
Marianne Saathoff
Hildegard Tammen
Elfriede van Ohlen
Gesine Wißmann

Impressum

LV.Buch im Landwirtschaftsverlag GmbH, Hülsebrockstr. 2–8, 48165 Münster, +49 2501 801-0, Deutschland
buch@lv.de, www.lv.de

3. Auflage 2025

Fotografie: Astrid Hafer, www.fotowerkstatt.blog
Illustrationen: Natality/iStock/thinkstockphoto.com
Lektorat: Dr. Christine Bähr-Bermes, www.lektorat-strichpunkt.de
Herstellung: LV Media Pro im Landwirtschaftsverlag GmbH, Anja Luszek-Hoffmann (Ltg.), Ingo Feyka
Druck: Westermann Druck Zwickau GmbH

ISBN: 978-3-7843-5549-8

www.lv-buch.de